도로아이의 노래

시산맥 해외기획시선 004

도로아이의 노래

시산맥 해외기획시선 004

초판 발행 | 2017년 11월 7일

지 은 이 | 최기창
펴 낸 이 | 문정영
펴 낸 곳 | 시산맥사
편집주간 | 김광기
편집위원 | 안차애 이성렬 전해수 정재분
등록번호 | 제300-2013-12호
등록일자 | 2009년 4월 15일
주 소 | 110-350 서울특별시 종로구 율곡로 6길 36,
월드오피스텔 1102호
전 화 | 02-764-8722, 010-8894-8722
전자우편 | poemmtss@hanmail.net
시산맥카페 | http://cafe.daum.net/poemmtss

ISBN 978-89-98133-99-3 03810

값 9,000원

* 이 도서의 국립중앙도서관 출판시도서목록(CIP)은 서지정보유통지원시스템 홈페이지(http://seoji.nl.go.kr)와 국가자료공동목록시스템(http://www.nl.go.kr/kolisnet)에서 이용하실 수 있습니다.

도로아이의 노래

최기창 시집

■ 서시 – 동시

메아리

가는 말이 고와야
오는 말도 곱지

■ 시인의 말

내 방 벽에 걸린
칠순의 어머니 사진보다 더 늙어 버린
나를 바라보는 일은 죄스럽고 쓸쓸하다.
일세기를 내딛는 멀고 긴 여정
때론 걷고 때론 달리고 때론 기어서 여기까지 왔다.
26년 전 아내를 잃고 폐허가 돼버린 내게
어느 날 시가 찾아왔다.
크나큰 상실감을 시에 기대
철부지처럼 살다보니 '도로아이'가 되었다.
일평생 아이처럼 살아온 내가
남길 수 있는 유산이라곤 초라한 이 시집 한 채
내 생애 손수 지은 첫 집이자
어쩌면 마지막 집일 수도 있는 집에
여러분을 초대하게 되었다.
서툰 목수의 부실공사일 수 있지만
집 안의 온기만은 전해졌으면 하는 바람이다.
아버지가 기다리시는 나의 본향으로
돌아갈 날이 머지않아 행복하다.

2017년 가을에
최기창

■ 차 례

1부

2부

3부

4부

1부

나의 집

집을 비워 달라 했다
있던 집은 빚으로 넘어갔고
전세마저 털어 먹은 지 오래
집도 절도 없어
미국 딸네에 얹혀사는 내게
집을 비우라니
다짜고짜 결박되어
순식간에 끌려간 영안실

네 이놈 평생을 공짜로 살고도
네 집을 모른다는 말이냐
봐라 이것이 네 집 아니더냐
관속에 들어있는 내 몸
쾅쾅 못치는 소리에
소스라쳐 깨고 보니 꿈이었다
아, 그렇구나 나의 진짜 집
어느새 비어줄 때가 되었구나

밤낚시

마지막 잠든 바람
그 숨소리 고요하고
등불도 꾸벅꾸벅 졸음을 못 이길 즈음
월척 꿈의 설렘도 깊은 미궁으로 가라앉으며
한계를 넘어선 나의 인내가
고기 대신 슬슬 입질을 시작한다
날을 세웠던 긴장감이 찌에서 흔들리더니
허송했던 세월들만 잘도 낚여오는데
월척으로 자란
잊은 것 잊혀진 것들이
눈알을 부라리며 지느러미를 팔딱거리고
흘렸던 눈물들이 비늘로 박혀 반짝인다
매운탕에도 못 넣을 그런 잡어들 말고
월척은 아니어도
잊을 수 없는 그리움의 물고기
그것 하나라도 건져 보려는 오기가
마지막 남은 떡밥에 기대를 걸어보지만
멀리 등대가 껌벅껌벅
마음을 비우라 비우라 한다

세월을 잊으려고 왔던 이 밤
잊었던 세월까지 낚을 줄이야

몽당연필

닳고 닳은 몽당연필 한 자루
아무도 거들떠보지 않는다
손에 잘 잡히지도 않아
대롱을 끼워 간신히 써봐도
툭 부러지기 일쑤
이제 정말 다 된 것인가

하지만 아직 심은 굳다
침까지 발라 꾹꾹 눌러 쓰다보면
심지에 숨겨져 있던 힘이
마지막까지 제 소명을 다한다
줄어드는 목숨이
아깝지 않다

닳아지고 줄어들어 아름다운 생
늙은이의 자세가 꼿꼿하다

일광욕

알몸으로
번제를 드리며
사면의 꿈을 꾼다

빛은 허물을 다 사르고
드러난 죄악을
하늘로 거두어 올린다

이제 남은 건
묵은 뼈밖에 없다
삐익삑 뼈들의 노래 소리
얼마나 진실한가

늘어난 뱃가죽이 주름지게 웃으며
무량하게 내리쬐는 태양을 우러른다

팽이

죽다가도
맞으면
다시 살아나는 너

맞으면
맞을수록
더 신명 나는 그대

오늘은 내가
팽이 되어
나를 두들겨 패본다

아무리 잘 돌아보려 해도
세상만 돌고
나는
어지럽기만 하다

보름달

아직 선악과를
따먹지 않은
하와가 저기

죄없는 영혼은
육신도
저리 투명하고
모가 없는가

염장

이 몸도
늘 남의 국물 속에서 소금처럼 녹아왔건만
왜 간 맞는 사람이 못되는지

염장된 생선은
한번만 소금간을 질러둬도
내내 상하지도 않고
그 맛을 생생하게 간직하는데

내 몸에는 날마다
염장 질러대는 세상 있어도
되려 내 속은 썩어 문드러지고
한참씩 맛이 가곤 하는가

뼛속까지 쓰리고 아리게
독한 염장을 지를수록
증오심만 점점 더 불타오르는 나는
참소금 되긴 글렀나 보다

이 몸도 속을 열어
깨끗한 바닷물에 잘 헹구고
고운 햇살 선선한 해풍에 널어 말리면
꾸덕꾸덕 하얀 소금꽃으로라도 피어나려나

문풍지

독거노인 집에는
바람만 이따금씩 찾아와
목이 메이도록
울고 간다

입춘

나흘이나 지난 일월 달력 뜯어내자
갇혔던 봄이 벌떡 일어서는 바람에
언 뼈마디들이 우두둑 귀를 세우고
불현듯 냉이국이 그리워지던 날

저 양지바른 언덕 동네는
집집마다 산고든 모양
해산수발 나선 햇살 품에
아가 봄들 배냇머리 반질반질
연두색 생기가 어린다

내 봄은 어디쯤 오고 있을까
설레는 마음 계절도 아는 듯
먼 경칩이 벌써 마중 나와
노란 개나리를 물들이는데

내 몸은 저 갈참나무 닮은 것일까
봄은 까마득히 멀고
아직도 가랑잎 누더기 걸치고
오들오들 떠는 내가 저리 섰구나

가을 없는 도시

눈 깜박할 사이
구월도 훌쩍 종착역
귀뚜라미 소리 들린다 싶더니
그건 이명이 가져다 준 가을소곡이었다

시월에 들어서도 내내
비지땀에 찌들어 있는 텍사스의 잎새들
가을의 언저리만 맴돌다
염원의 수의 한번 못 갈아입고
끝내 맨살을 말려 풍장이 되고 마는
저 처연한 주검

가을 없는 이 도시에서
단풍으로 물들어보지 못하고
문득 가랑잎처럼 말라가는 나의 생을 돌아본다
나는 끝내 저 저녁 노을로도
한번 타볼 수 없을 것인가

아, 이 좋은 시[詩]월에

거울

과거는 기억을 못하는가
아님 감추고 싶은 건가

기억상실을 가장한 자야
빛나던 내 젊은 상은
어디 가서 찾아볼 거나

그래, 흘러가버린 건
기억해서 무엇하리

오늘에야 그대로 하여금
침묵도 하나의 격조 높은
화술이라는 것을 배우노라

수석

영락없는 그 모습

민낯에 만져지는
태초의 숨결
시공을 넘어선
무언의 말씀이여

침묵에도
넋을 빼앗고
말하지 않고도
오히려 진실을 말하는

그 모습
바로 당신이여

눈

엊그제만해도
뜬구름 잡으러 다니던
바람 같던 내 나이, 어느새
눈[雪]에 덮혀버린 어느 날

양지바른 돌담 밑 틈새에
봄인 줄 알고 겨울잠 깬
아기 쑥의 노란 새 눈[芽] 하나
내 눈[目]에 번쩍 꽂혔다

이제
돋보기 신세를
안 져도 되려나
눈[雪]길에 눈[視]길을 내보지만

생각이 또 미끌리고
발가락마다
티눈[肉刺]이 박힌다

첫사랑

희수를 거쳐
미수가 지나도

열서너 살 적 풋감 아직도
익지 않는 채 그대로고

그때 가슴에 핀 봉선화도
시들지 않는 꽃 그대로고

실눈에 흔들리는 그리움도
연둣빛 풀잎 그대로고

치매

망각도 극에 이르면 해탈이 되는 것인가
마침내 속세를 벗어난 몸 학이 되다
마른 하늘에 느닷없는 천둥번개
날벼락 맞은 해는 빛을 잃고
기억의 퓨즈는 끊겼다 붙었다 하니
어쩌다가 반짝 불 들어오면
영혼은 절로 뿌리 깊은 추억에 이르고
눈 아래 사바가 극락으로 변하다가도
깜박깜박 등불이 흔들리면
삭히다 만 분통이 폭발하여
순식간에 극락은 지옥으로 변하고 만다
바람 잘 날 없던 가지 많은 나무
난데없는 빈 바람이 몰아쳐
나뭇잎마다 절절하던 푸른 내력
노랗게 물들어 낙엽지고
까마득한 고향 이제 어디를 가야
나를 찾는단 말인가

글들이 길을 내네

글들이 모여서 시위를 합니다
서로 자기가 옳다고 외쳐댑니다
모두가 그럴듯하여 따르다 보면
나도 하나의 글이 되어 있습니다
글자들이 늘어서서 길을 냅니다
산길, 들길, 물길, 하늘길, 지름길
이 많은 길들을 나는 한번도
끝까지 가보질 못하였습니다
길과 길이 또 다른 새 길을 내고
그 길들이 만나면 넓은 길이 됩니다
이 길에서 나는 곧잘
길을 잃고 방황할 때가 많습니다
짐승들도 이 길에서 사람이 된다는데
사람인 내가 오히려 이 길에서
짐승이 되어 있을 때가 있습니다
이제 겨우
꼭 가야 할 길을 찾아
나도 하나의 길을 내고 있는데
어느새 황혼이 깃든 서편 하늘에

마음만 먼저 가서 꿈길을 내놓고
별이 되어 반짝이고 있네요

부음訃音

울부짖듯 전화 속
목멘 소리
영락없는 부음父音 같은 자음子音
아버지가 어찌 되었다고?

믿기지 않는 그 여음이
빈 밤하늘을 메아리 칠 때
홀로 남은 죽마의 가슴은
철렁 허망하게 무너져내렸다

저 높은 하늘은 너의 얼굴
저 별들은 네가 이룬 꿈들
이 어둔 밤에도 빛나는 네 발자국
아직도 네 목소리 메아리로 울리는데
빈손으로 왔던 그곳
이제 그 영원을 누리기 위해
기어이 다 버리고 떠나는구나

널 영접하는 하늘길에도

달빛 비단천이 깔렸구나
잘 가거라 친구야
네가 돌아가는 이 밤
내가 죽을 노래를 부르노니
그리도 벼르던 우리의 해후는
거기 구천에서 하자구나

달팽이

등에 집을 동여매고도
맘 놓지 못하고
스스로 달구지가 되어 사는
무거운 생이여

부질없는 욕심에
힘겹게 길 수밖에 없는 이 버거움

다 버리고
빈손으로 가리라 하면서도
시 한 줄에 또 생을 매고 있는
나는 시답잖은 달팽이

2부

녹차

다갈색 녹차 향
다기에 일면
먼 산이 가까이 다가오고
달과 별도 따라온다
녹차 향에 취한 시간도
잠시 침묵으로 가라앉고
세월도 지친 몸을 부려놓으면
한 폭의 풍경화가 찻잔에 뜬다
녹차 한 잔 함께 나누면
만 가지 시름도 다
향음의 정취에 녹아들며
몸도 마음도 하나가 되는 것을
시간이 아깝지 않는
시간 밖의 시간 속에서
녹차의 최면에
아. 무아의 잠시

머리 염색

무서리로 뒤덮인 고목도
뒷걸음치는 세월 맞으면 새순이 돋는 것일까
흰 꽃들이 나날이 울창해져 가는데
별안간 매미떼 소리 요란했다
소스라쳐 일어나보니 내 머리 숲을 헤치는
딸아이의 파다한 웃음소리
애비의 달달한 오수를 훔쳐
흰 꽃에 검정 물을 들여놓고는
이십 년은 젊어진 아버지가 돌아왔다고
자지러지게 좋아한다

무서리 맞은 늙은이가
한여름 땡벌처럼 철없이 윙윙대니
그에 걸맞은 검푸른 숲을 선물하고 싶었을까
그 마음 가상은 하다마는
내 필생 이루어온 세한도를 먹장쳐버렸구나
한 세기의 나이테를 그려 넣을까 어쩔까
낙관을 미리 찍어둘까 말까 망설이며
볼품없는 솜씨지만

오랜 세월 천천히 완성해오던
내 마지막 그림이 깜깜하다

하지만 주인 닮은 흰 꽃들은 고집스럽게
다시 밀고 올라올 것이고
숲은 다시 무성해질 일이다
그 숲에 내 영혼이 가만히 잠드는 날
매미떼 한바탕 또 자지러지게 울겠지

마음을 다리다

가슴이 먼저 뜨거워져야 한다
심한 텃세에 짓이겨진 가슴
속 끓는 소리 가실 날 없어도
찌푸린 미간을 먼저 펴야만 한다
헤어지고 틀어진 시간들 달구어져
애간장 눌는 냄새 번져나도
구겨진 마음 반듯이 다려야만 한다
낡고 초라한 이방인의 접힌 심경
갈수록 눌려지는 영혼
기죽은 어깨 세워야만 한다

구김살 진 마음에
평평한 길을 낸 남자의 이마에
땀이 맺히고 있다

네게로 가는 길

너를 가슴에 묻고서
시퍼렇게 멍든 바위는
파도의 채찍질쯤 아프지 않은
이미 익사한 목숨이었다

물너울에 쓸려다니는
자갈 섞인 울음소리
암초도 부서지면 한 조각 배가 될까
소용돌이를 헤쳐온 떨리는 몸이
그리움을 밀고 네게로 간다

더디 가는 세월을 실은
늙은 배 한 척
울렁이는 수면을 다스리는
넓은 손바닥에 의지해
천천히 노 저어 나간다

해 질 무렵 마중 나온 네 붉은 눈물
애비의 바다를 물들인다

설거지

늘 시간에 쫓기던 이민 초기
일개미가 되어버린 식구들 중
홀로 죽치던 아비개미
할 일을 찾고서 생기가 돈다

아직 덜 깬 잠 찌꺼기며
미처 챙길 틈 없어 팽개치고 간
자식들의 온갖 상념들이
온종일 말라비틀어진 채 널브러져 있다

속 끓이던 아비가 보다 못해
이미 얼병 든 그 만신창이들을
뜨거운 물에 푹 담궈 씻겨줬다
뭉쳤던 고달픔이 슬슬 풀리는지
응어리진 울분마저 떨쳐버리고
그동안 물어나른 꿈 알갱이들
모처럼 제 빛을 찾으면서 환해졌다

한결 말쑥해진

송구한 새끼들의 잘 헹궈진 핀잔이
그릇에 담겨도
효심보다 더 깊은 애틋한 부심이
뽀드득 맑게 빛난다

헝클어진 시간들을 포개고
서로서로 등 기대어 누워보는 시간
따뜻한 김이 오른다

용돈

내게서 흘러내리던 실개천 물이
역류하기 시작한 지 오래다
내가 언제부터 이리 낮아졌을까
흘러가던 물은 굽이굽이 힘은 겨웠어도
다독이는 손길마다 제법 흥얼거리기도 했는데
흘러드는 물에선 허리가 휜 땀내가 물씬
콧날 찡하게 톡 쏜다
흘려보낼 땀은 이미 오래전에 말라버리고
피라도 짜 보내고 싶던 마음도 바닥이 나면
도로아이가 되어버린 것일까
겨우 발자국에 고인 물을 철벅거리며
옷을 다 버려도 마냥 좋아하는 아이
더 이상의 애물단지는
되지 말아야 할 텐데

겨우살이

겨우 사는 게
아니었네 그려
남에게 빌붙어 제 세상인 듯
독야청청 위선이었네 그려

늙지 않는 이름

벼르면 반나절 딸네 집이련만
오가는 길은 왜 이리 천리인가
오늘 따라 버스마저 거북이라
조바심이 먼저 가서 초인종을 눌러댄다

반가움으로 눈물 그렁그렁
맨가슴에 철썩 파도가 이는데
뼛속까지 파고든 호칭 아빠는
아직도 댓잎같이 푸르다

문득문득 풍겨나는 젊은 날의 내 모습
언뜻언뜻 스치는 아내의 향기
어느새 반백인 아이의 머리가 애잔한데
딸보다 더 젊은 내 이름 그 아빠는
소갈머리 없이 삼십대 그대로구나

자주 좀 오세요 아빠
언제 또 오실래요 아빠
찡하는 콧등 얼른 돌아서도

여전히 아기걸음 뒤뚱거리는
그 손은 놓을 수가 없구나

한사코 넣어 준 용돈을 따라
슬쩍 들어온 그 이름 아빠가
용돈을 쓸 때마다 더 뜨거워지더니
이제는 아주 가슴 한 켠을 차고앉아
애틋한 그리움만 자아내는데

자子와 손孫의 차이

눈시울에 삼삼히 어리는 손녀
느닷없는 입원 소식에
가슴속 벚꽃이 다 지듯
몹시 거센 바람 불어대더니
그 어미
다 죽게 생겼다는 소식엔
태풍이 몰아치고 있었다

병실에서
혼수상태인 손녀
열 길 벼랑 끝 목숨이
아슬아슬 오금이 저리는데
초주검이 되어있는
그 어미를 보니
하늘이 와르르 무너져 내렸다

눈부처

살아있는 부처님을
보고 싶습니까
아가의 맑은 눈을
자세히 들여다보세요

당신도 부처님이
되고 싶습니까
아이의 눈에 비친 동자승처럼
욕심 없이 작아져 보세요

연

밤 봇짐을 싼 지 벌써 십여 년
찬바람이 불면 먹구름이 일고
내 마음 허공엔 어김없이 연들이 뜬다

나와 연이 닿은
곡절한 사연들이 처량하게 날고 있다
도망치듯 쫓겨 온 먼 하늘에서
누가 한사코 연줄을 당긴다
질기고 질겨 팽팽한 그 연줄 연줄들

동부새만 기다리다 가신 아부질까
회오리바람에 골병들어 가신 엄닐까
한평생 속 끓이다 가버린 아낼까

벌초조차 못한 십여 년 세월에
개망초 무성할 선산을 향해
해묵은 그리움의 긴 꼬리연 하나 날아가는데
눈시울을 붉히며 바라보던 노을이
오랜 인연들의 얼레를 감는다

술에게

서산의 해 설핏해지면
어느새 저녁노을 가슴에 번져와
연인보다 더 설레게 구는 그대

온갖 투정 넋두리 행패로 일 삼아도
말없이 다 삭혀 세월 강에 흘려버리는
마누라보다 더 만만한 당신

우리는 언제나 너그러운 사이
허물도 서로 대신 마셔버리는
불알친구보다 더 다정한 자네

한 잔 한 잔 또 한잔 다시 한잔 더
나는 너를 너는 나를 마시다가
짐승이 되게 하는 이 잡놈

추석

첫서리 내리자 시린 귀뚜라미 소리에
철새들의 도래지엔 기다림의 입덧이 심해지고
사리 때가 다가와 만삭이 된 달이
뿌리 깊은 향수에 몸을 풀려하는데
밤새 뒤란의 알밤 빠지는 소리만
발자국 소린 듯 귀를 세웠지

자손들보다 먼저 오신 조상님들
차례청 촛대에 혼불로 설레고
모처럼 왁자지껄 이는 담소는
이율시초[梨栗柿草]로 진설되니
오랫동안 나누지 못하던 묵은 정은
찰진 송편으로 빚어져 김이 오른다

선산벌 안의 흐드러진 들국화 향기
선영들의 얼인듯 그윽해
우러러 기리는 마음 숙연히 합장할 때
노송에서 들려오는 솔바람 소리
노래인지 울음인지 마음을 훑어

종손은 늘 죄인처럼 가슴저렸지

썰물처럼 철새들 다 떠나버리면
고향은 또다시 빈 도래지
쓸쓸함도 힘이 되는 갈대밭은
철새들이 낳아둔 유정란들을 품고
또 만삭이 될 그 겨운 그리움은
오는 설 때나 풀 수 있을 터인데

나의 시詩밭

황혼에 늦바람이 나서
나도 모르게 내 마음 깃에 묻어온 꽃씨들 묻고
설렘의 꽃밭을 가꾸며
꽃꿈만 꾸던 나날이 있었습니다
그러나 내 밭은 늘 초라했습니다
보잘것없는 꽃송이며 흐릿한 빛깔
향기마저 없어 벌 나비도 외면해버리고
씨조차 잘 여물지 않는 가난한 꽃밭이었습니다
해바라기 씨앗을 뿌렸지만 자라고 보면 민들레
난 튼실한 대궁이조차 세우지 못하는
한낱 잡초였던가 봅니다
그래도 내 멋에 겨워
딴엔 꽃이파리 바람에 흔들어도 보지만
행여 나팔꽃 나팔 불어댈까 조바심나고
함박꽃 웃음 터트릴까 더더욱 두렵습니다
그러나 내 마음 그늘에 갇혀서
한 번도 세상 빛을 쐬어보지 못한
내 작은 꽃망울들
가여워서 간혹 햇빛에 드러내어봅니다만

아침 엷은 햇살에도 금방 시들어버리는
연약한 낮빛입니다
이제 해는 점점 서산으로 기울고
가을이 깊어갑니다
내 비록 쭉정이 많은 씨앗 몇 알 남기지만
초라했던 꽃밭이라도 가꾸었음이
진정 행복합니다

평상을 만들며

자투리 목재 버리기가 아까워
평상이라도 만들 궁리를 하는데
눈썰미가 먼저 톱질을 시작하고
마음은 벌써 평상에 누워 있다

고향의 산과 들이 어느새 다가와
별마저 반딧불로 쏟아지는 저녁
연기 오르는 모깃불 속에선
감자가 옛이야기처럼 익어간다

지금도 동구 밖 정자나무 아래
매미소리 서늘한 부채바람 따라
졸음이 개울물처럼 흘러
오수의 강물에 떠다니고 있겠지

버리면 생목숨이 끊길 목재들
새로운 생명으로 탄생한 이 어엿함
죽었던 내가 부활이라도 한 듯
가족들이 연신 어루만진다

이국에서 맞이한 어버이날

버리고 떠나온 어버이날이
비자도 없이 용케 밀입국하여
빈 마음 가득 고향을 풀어 놓았다
소스라친 어버이의 가슴 뛰는 소리
그 소리에 일제히 깨어난 그리움들이
내 메마른 산야에 오뉴월 녹음으로 번진다

새로 사온 티셔츠에선
소갈머리 없는 호강꽃이 만발하고
울컥 솟는 뜨거운 눈시울엔
고달픈 이민자의 설움이 맺혀
뿌리 내리기엔 아직도 요원한 시름이
뿌연 안개 속을 헤맨다

이 겨운 복
함께 할 사람 가고 없어
혼자만 누리는 아쉬움에
가슴에 묻힌 부엉이 소리 다시 들리고
희수로 늙어 버린 어버이날은
서산마루에서 오래오래 지지 못했다

하란夏蘭이 된 당신

우리 집 늦둥이 고명딸 하나
어느 고명하신 삼신님의 명제일까
네 살에서 눈부셔진 햇살이 노닐고
바람도 네 몸에서 향기로워 지누나
너로 하여 봄도 일찍 잠을 깨고
봄철 내내 웃음소리 제일 긴 너 춘란
그 웃음소리 멋어도 매혹적인 네 몸맵시에
세월은 넋을 잃고 나는 나이를 잊고

날로 달로 늘어 가는 너의 재롱에
동네방네 자랑도 많아지던 네 엄마
애지중지 밤낮으로 얼싸안고 돌더니
갑작스런 병고 그 먼 길
차마 눈은 어이 감고 떠났을까

네 엄마 떠난 다음 해엔 봄철 내내
볼멘 꽃망울 안타까움만 물고 피지 않더니
네 엄마 떠나던 바로 그 달 팔월 어느 날
뜻밖에 춘란이던 네가 하란으로 피어나

너 아닌 네 엄마로 보였느니라

임종 시 들먹들먹 입술에만 있던 말
일주기가 지나도록 알려고도 않던 그 말
영영 못 듣고 말뻔 했던 그 말이
붉은 꽃잎 뜨거운 그 입술인 듯
떨리는 그 음성이 불현듯 들려 오지 뭐냐
사랑해요 사랑해요
아 우리 피차 한 번도
못해 보고 못 듣던 그 말

어쩌면 영락 없는 새각시 때 그 모습
조심이 다소곳이 흐르는 고운 선마다
안으로만 사십 년을 익혀 온 그 정분이
혼백인 양 하란으로 둔갑한 그 꽃
그런 당신 앞에 날마다 고합니다

여보
나도 사랑했어요

시간은 돈

시간이 돈이라면 참 이상한 돈
쓰지 않아도 모아지지 않으니
시간을 돈처럼 쓰지 않고
물처럼 써버려서 그럴까요

시간이 늘 부족하던 시절엔
제법 돈이 모이더니
시간이 남아도는 지금의 나는
돈이 남아돌지 않으니

시간이 돈인 줄 모르는 사람은
시간밖에 없는 나의 이 돈 좀 써 보시오
물 쓰듯 써도 돈 안 되는 시간되기 전에
늘 부족해야 돈이 된다는 걸 깨달으시게

3부

모과의 변

신도
속사람을 보시는데
찰나에 스쳐버릴
외모는 탐하여 무엇하리

어차피 썩어질 몸
향이나 더 높이리라
갈수록 짙어져오는
그분의 체취

육신은 시시각각
소멸해가지만
나날이 더 맑아지는
영혼의 향기

난

1.
고고하신 한 선비님
목하 깊은 묵상 중
하얀 도포에 스민 묵향 번져나면
산하도 절로 좌선에 들고
해탈을 꿈꾸던 번뇌는 마침내
지조 높은 군자 하나 잉태하다
달관한 그 몸엔 천기가 흘러
풍수도 헤아리는 흐름
어질게 은하에 이르고
음향조차 여과되어
삼금三笒보다 고운 가락
천지간 삼라만상이
아, 천심대로고

2.
어느 지체 높으신 한 규수
먼 길 봄마중 나선 중
귀하신 몸 언감생심 어느 안전이라고

겁 없는 아기 봄이
성큼 바람을 넣어보는데
나부끼는 수줍음이사
옷깃에 여며도
도리 없는 설레임
술렁이는 춘심이여
정조는 소심素心
사철 푸른 가풍에
서릿발이 시린 저 꽃봉오리는
은장도 날에서나 피는 꽃이러니
아! 꿈에서나 그려볼 여인이런가

저승꽃

모질게 살아온 한 시절이 말라붙었다

얼룩덜룩 굵은 주름살이
능구렁이 피부처럼 소름 끼친다
썩은 그루터기에서도 버섯이 피고
구정물속에서도 연꽃이 피건만
내 생애 단 한번 내 몸에서 피어난 꽃은
이다지도 흉할까
굳이 피려거든 무화과처럼
살 속에서나 필 일이지
애써 가릴 수도 없구나

아무래도 죄 많은 나
죽는 날까지 참회하라는 천벌일레라
하늘의 문신 검은 꽃이여

대나무

결코 부끄럽지 않다
벗고 사는 우리의 알몸
죄 앞에 되려 당당한 살갗
그 눈부심을 보라

결코 가난하지 않다
너희 화려한 꽃도 열매도 향기도
다 저주 받은 누더기
차라리 비우고서 가득 채운
마디마디 묶은 우리 믿음을 보라

결코 죽지 않는다
아무리 잘게 쪼개어 망가져도
거두고 엮어 다시 살려내신
새 영혼들을 보라

굳게 지켜나간다
사철 푸른 믿음
하늘 향한 곧은 기도의 손들
님 오시는 그날까지 가꾸어가는
저 청[靑]국을 보라

무화과

생살을 뚫어
그 많은 잎들을 틔우고도
산고의 신음 한번 없이
인간 최초의 의복으로
부끄러움의 가리개가 된 그대

꽃 피우는 것조차도 외람스러워
안으로 안으로만 삭이시네
꿀보다 달고 젖보다 귀한
사랑의 그 가슴앓이

아! 그분의 그 말씀
이제 그대 입을 열어도 되리

동심과 동백

오메
동백꽃이 떨어져부렀네 잉

아니어라 할배
땅에서 금방 핀 땅꽃인디요

엄동을 훨훨 태우는
동백으로만 알았더니
순백의 동심에서 피어나니
어라, 이건 동백[童白]이네 그려

신록新綠

처음으로
일학년 담임하던 날

아직 봄은 멀었는데
교실엔 벌써
봄이 와 있었다

갓 눈을 뜨고 재잘대는
연둣빛 수다가
나를 봄빛으로 물들이고 있었다

난생처음
참다운 신록을 보았다

나무

한여름 불볕에는
오히려 서늘한 그늘이 됩니다

식어가는 가을볕에는
오히려 뜨겁게 타오릅니다

햇볕도 차가운 겨울 닥치면
오히려 더운 듯 벗어던집니다

알몸으로 이 한겨울 이겨내는 것은
다시 맞을 영광의 새봄이 있기 때문입니다

찔레꽃

어쩌자고 꽃망울 피어나다 말고
열여덟에 홀로 되었는지
그것도 죄가 되어 가시울에 갇혀
울음도 웃음도 어금니로 깨물어 삼키고
불같은 욕정은 송곳으로 억눌러도
울을 넘는 그녀의 몸 내음이야
조물주의 몫이라 하늘도 눈을 감는데
난봉이 아니라도 오메
환장할 암내
도저히 지나칠 수 없어 절로 이끌리면
눈요기마저 막아서는
저 가시 돋친 청상이라니

산

언제나 열려 있는 만만한 가슴
아무 말이 없어도 늘 들리는 말씀 있어
내 마음 푸른 물들어 돌아옵니다

하오나 세상살이에 그 물 바래버리면
청청한 말씀 그리움에 사무쳐
다시 또 찾아갑니다

그래도 꾸짖지 아니하시고
늘 따뜻이 맞아주시니
그 말씀 더욱 짙은 녹음 우거집니다

다스리지 못해 누리지 못하는
그 한량없는 품
차라리 나를
님 안에서 잊어버리고 싶습니다

코스모스 연가

키만 크고
너무 말라서
툭하면 넘어지던
그 아이
바람처럼 다가가
일으켜 줄 때마다
가슴에서 나부끼던
수만 나비떼

얼굴 붉히며
뛰어가버린
서녘 하늘엔
애꿎은
고추잠자리만 날고
꿀벌 잉잉대는 마음에
물결처럼
흔들리던 가을

타국에 핀 봉선화

봉선이 누나
이름만 들어도
마음 한자락 진한 주황물이 들고
추억의 카세트는 되감기를 시작한다

폐병의 각혈이 열꽃되어
장독 아래 조롱조롱 달렸던 여름
내 이마를 짚으며 몰래 울던 누나의 눈물이
아직도 씨방으로 남아 터지는 오늘

움켜쥔 새끼손가락 억지로 펴서
봉선화 꽃물 들여주던 누나
손톱이 하얗게 차오를 동안
끝내 주머니에 손 감추고 다녔지

지워질수록 오히려 마음을 물들이던
알 수 없는 주황빛 속마음
어설프게 감추려던 사내아이 하나
타국의 담장 아래 얼굴 붉히며 서 있네

나팔꽃

이 한 몸 의지할
지팡이 하나 어디 없을까
가도 가도 벼랑뿐인 내 길엔
칡덩굴 하나 없단 말인가
더불어 사는 세상 마음 한자락 내어주면
그곳에 나팔의 꿈을 파종할 터인데

모두가 돌아서버린 등뿐
오직 하늘만이 네 몸을 내게
온전히 맡기라 이르신다
낮에는 햇빛을 감아오르고
밤엔 달빛 타고 올라
이른 아침 기상나팔을 분다

눈물 가실만하면 울상이 되고
잃어버린 웃음 되찾을만하면
한나절도 못돼 퍼붓는 이 낮잠 버릇
한심하고 안타까운 마음
간절히 하늘 우러를 때

불현듯 들려오는 나팔소리

“그것이면 족한 줄 알라
제 생애 꽃 한 번
못 피어 본 삶도 많으니”
대낮 하늘을 소요하러 나오신
하얀 도포자락의 달인
낮달의 설법이었다

낙엽에게

바스락바스락 낙엽의 글 쓰는 소리
죽어서도 모든 이의 가슴가슴에
시와 노래로 그리움을 남기는 너

엊그제까지는 고운 단풍 홍안으로
추하게 늙은 나를 초라하게 하더니
오늘은 죽어서도 시가 되어
밟히면서도 나를 조소하누나

나, 비록 육신은 너처럼
멋진 생을 마감할 순 없지만
영혼만은 나도 하늘의 꽃씨니라

그러나 너의 주검만은 부럽구나
시신까지도 시제와 가사가 되는 너
오늘 너 그 헌신의 씨를
한가락 노래로 가슴 깊이 심는다

수국을 보며

그대 안에 나 있고
내 안에 그대 있어
서로 지체되어 한 몸 이룬 우리

흩어지면 눈물인데
모여서 빛나는 별무리
웃음도 고와 눈부십니다

혼자서는 이룰 수 없어
무리지어 거듭난 새 몸

별도 연합하여 기도하는 밤
하늘빛 닮은 이 찬송
다 님께서 거두소서

"형제가 연합하여 동거함이
어찌 그리 선하고 아름다운고"

백합화의 기도

이르신 대로 항상 깨어 있습니다
이 귀만은 밤에도 잠들지 않고
다시 오실 님의 발자국 소리에 열려 있어
나비의 날갯짓에도 저의 청각은
설렘으로 곤두섭니다

바라옵건데 저의 기도는
새의 눈썹에 스치는 여린 바람에도
님의 말씀은 놓치지 않게 하시고
세상 소리는 가려 듣고 새겨 듣게 하소서

다시 오실 님의 날에는
맨 처음 영접하는 나팔이게 하시고
잠든 영혼들을 일깨우는
경종이게 하소서

저의 찬송은 향기로 드리겠습니다
오직 찬양을 위한 입이게 하시어
기쁨과 감사만으로 빚어진
피조물이게 하소서

황혼의 해바라기

무서리에 바래버린 내 머리
바람 끝이 시린 뼈마디들
벌써 시름의 이파리는 말랐습니다

좀 더 낮이 길었으면 좋겠습니다
아직도 봄이라면 좋으련만
여전히 못 버린 한눈 파는 버릇
어느새 늦가을이 되어 있군요

뉘우침은 왜 항상 늦게 올까요
이제라도 님만 바라봅니다
아침부터 저녁까지 바라보아도
허기지는 당신의 빛

해 질 녘에야 서두르는 마음
그대 따라 돌기는 힘겨워도
아직도 덜 여문 씨앗
아름답게 익혀가는 해바라기이고 싶습니다

수화手花

지하철 객차 안에서
눈길을 끄는 방년 대여섯
차내 소음방지를 위한 홍보요원들인 듯
한쪽에 자리잡고 판토마임을 시작했다
동작에 따라 눈빛들이 반짝거리고
하얀 이를 드러내고 배꼽을 잡았다가
슬픈 표정, 놀랜 표정, 반가운 동작
나뭇잎처럼 나부끼던 그 손, 손놀림
몸 어느 부위에 무슨 말의 봉오리가 맺혔기에
어찌 그리 한없이 맛있게들 피우고 있던지
꽃잎처럼 나부끼던 그 수화
소리 없는 미녀들의 수다에
승객들도 꽃이 된 듯
형형색색 꽃밭을 이루고
눈빛마다 온갖 꽃들을 피워내는데
나도 어느새 채송화 봉숭아로 피어났다
지금도 눈감으면 소리 없는 그 수화手話가
향기로운 수화手花로 피어난다

4부

바위

세파에 거칠어지며
먼 길 돌아온 사내
오랜 회한이
뭉쳐 있다

밤새 돌아오지 않는
노름판의 사내는
찾아 나선 어린 아들을 보고도
꿈쩍 않고 앉았다

핏발선 눈동자로
돈다발만 좇던 사내
검은 안색이
그늘지는 새벽

남은 건 허우대 좋은
달랑 몸뚱아리
사내의 할 말은 오직
이끼 낀 침묵뿐이다

잠자리

날아도 날아도
허공뿐이던 것을
몇 천 몇 만 밤
숱한 세월을 날아왔던가

날다가 날다가
잠자리同寢도 잃을 잠자리야
그래도 넌 잠자리寢具여서
잠은 편히 자리라마는
난 잠자리寢所도 버리고 왔구나

소금

햇볕의 결정으로 거듭 난
저 순백의 몸

불순한 영혼들에 입힐
하얀 세마포를 지으시네

사나운 바다 열고
순결한 파도 조리로 일어
한 톨의 짭짤한 생으로
거두어 주시네

가뭄

자주 찾아주실 때는 몰랐는데
다녀가신 지 까마득한 지금
외로움이 그리움보다 더 독한
사랑이라는 것을 알았습니다
기다리는 고통만큼 미움도 커져가는데
왜 이리 죽을 만큼 보고만 싶은지
미움도 사랑인가 봅니다
바람만 불어도 님의 발자국 소린 듯
설레던 기다림도 이젠 시들어가는 풀들처럼
바닥을 드러낸 강입니다

늘 구름을 타고 오시는 님
꿈속에서도 하늘만 바라보는데
새털구름 한 점 없는 텅 빈 허공엔
한숨처럼 바싹 마른 바람만 이네요
이제 더는 탈 것도 없이
재가 되어버린 가슴엔
오직 사랑의 믿음만이
문을 걸지 못하고 밤을 지샙니다

기약 없는 님의 걸음
언제쯤 오실 것인지
기도마저 불이 된 이제는
내가 되려 당신을 태울 것 같습니다

말

말[語]이 넘치면
모자람만 못하다 했건만
말[斗]로 퍼낸 말들이
말[馬]을 타고
들로 물로
사람들 속으로
마구마구 드나드는 바람에
말 많은 이 세상
이 말인지 저 말인지
어지럽다

배

배를 가득 실은 배
풍파를 만나
여러 날 배는
배로 연명하며 표류하였다

구조되었을 적엔
배[船] 속에
주린 배[腹]들만 가득하고
배[梨]는 하나도 남아 있지 않았다

동짓날

또 한 해가 저물고 있는 이 동짓날
지나온 날들을 뒤돌아 봅니다

걸어온 길
그늘진 굽은 길이 더 많았습니다
부끄러운 허물들을 가리기 위해
문설주에 희생의 피를 바르듯
붉은 동지죽을 마음에 뿌리며
주님의 이름으로 잡귀들을 몰아냅니다

동지죽의 하얀 새알과 붉은 국물을 먹으며
영원한 생명이 된 그 참된 양식
인자의 살과 피를 생각합니다

돌아오는 동짓날에는
높고 푸른 하늘을 당당하게 바라볼 것입니다
이 시퍼런 저의 장담
동지죽보다 더 붉고 뜨겁게 끓게 하소서

전지剪枝의 심판

말씀이 육신이 되어 오신 님이시여
오늘은 나무의 전지를 통하여
심판 때를 상기시켜 주시나이다

병들고 부실한 너는
말씀을 소홀히 한 죄
굽고 휜 너는
성령을 불순종한 죄
너무 웃자란 너는
세상 욕심에 빠진 죄
통풍과 일조를 가린 너는
생명을 방해한 죄

모두 알맞은 죄목을 붙여
인정사정 두지 않고
다 잘라 버렸습니다

이 용서 받지 못할 죄들
가차 없이 내려진 그 벌
모두 제 것임을 깨우쳐 주셨습니다

범종

단지 쇠붙이일 뿐이온데
어찌 보살이 되랍신지

목을 매달고 두들긴들
쇠붙이에 어찌 불심이 담기오리

천 년의 형벌로도
속죄의 기약은 하세월인데

오늘도 번뇌만
사파에 퍼져나가는 저 소리

어응 엉 어응 엉
아, 저 통곡 통곡 소리

와목

깎아지른 건너편 벼랑을 턱 걸치고
누워 지내는 삼나무 한 그루

세파쯤에 맥없이 쓰러질
굴생(拙生)은 아닌 듯한데
얼마나 수행이 깊어
저리 세월을 소요하고 있나

이미 목생(木生)의 길 접은 지 오랜 듯
사바에 온몸으로 적선 중인가
몸뚱이도 중생의 다리 되어
스스로 고행이구나

나도 한 번 그 수혜 받아볼 때
왈칵 풍긴 향내 상큼하다 싶더니
난데없는 범종소리 목탁소리
염불처럼 가슴 가득 차오르더라

운주사 와불이 환생해왔을까
저 향기 높은 전신보시
아 생불이신 와목이시여

호수

눈물이든 구정물이든
다 가라앉히고
산과 한 몸된
정한 지체를 봅니다

무엇을 먹을까
무엇을 마실까
걱정 없는 저 물고기들로
영원한 안식처를 봅니다

내려온 달도 별들도
밝게 빛나는데
오직 검게 일렁이는 그림자 하나
돌아온 탕자 가만히 품어줍니다

촛불

제 몸 태워
빛으로
다시 사신 이

죽어야 살 수 있기에
스스로 번제물 되시어
붉은 피 흘리시던
그 님 보입니다

이승의 죄 다 사르고
모든 어둠 다 밝히신
님의 뜨거운 눈물

스스로 낮추어
진정한 사랑 가르치시려
몸소 제자들 발 씻겨주시던
그 님 보입니다

새로 생긴 북 마트

두둥
달라스에 북소리가 울립니다
가슴께를 파고드는 북이 웁니다
북방의 바람같이 파문을 일으키며
절절하고도 깊은 북가락 냅니다

쇠가죽 북통 속을 울리는
순하고 부드러운 북장단이
북 사는 발길들 북적거리게 합니다
북받쳐오르는 감동에 빠지도록
북채를 쥔 저 손놀림
북놀이가 그들을 북돋웁니다

북에 미친 사람들은
북마트에서 북치고 놉니다

파리

너무 인색하고 치사하다
피를 빨아먹는 모기도 아니고
살을 갉아먹는 좀도 아니고
단지 맛만 좀 볼 뿐인데
그것조차 아까운 인간들

너무도 잔인한 이들이여
날보고 더러워서 그런다고 했겠다
이 세상을 누가 다 더럽혔나
하늘 아래 당신들만큼
더러운 족속들이 또 어디 있다고

불쌍한 인생들이여
오늘도 나는 손발이 닳도록
그대들을 위해
하늘에 빌고 또 빌고 있노라

오오, 주여
불쌍한 죄인들을
용서하소서

청소부가 되어

이 드넓고 기름진 땅에서
내가 거둘 한 톨의 시량이 없으니
버려진 쓰레기가 된 나는 쓰레기와 더불어
오직 목구멍을 부지해야 했습니다

그러나 여기가 성지
가나안 가는 광야일 줄이야
인간쓰레기로 전락되었을 때
말씀은 불기둥 길을 여시고
구름기둥 길에 만나를 내리셨습니다

이제야 알겠습니다
크고 넓고 높고 깊은 사랑
이 모든 시련 당신의 계획이었음을
저 죄의 늪 애굽에서 광야로 이끌어 내셨으니
가나안까지도 꼭 이르게 하실 줄 믿습니다

아! 소복한 이 영혼
다시는 애굽을 돌아보지 않게 하시고
죽을 때까지 동행하게 하소서
흠 없는 님의 신부이고자

코펠호수

나는 미국 말 배우러 애쓰는데
코펠 호수 오리들은
한글을 배우느라 시끄럽다

지들도 한류를 아나
아니면 인도네시아 어느 민족처럼
한글을 자기 나라 글로 쓰려나

엄마 오리 갈갸 걸겨 골교 굴규
아기 오리 랄랴 럴려 롤료 룰류

한하운 선생 빙그레 웃으실 때
불현듯 들려오는
우리 아이들의 어눌한 모국어

깊어지는
나의 상념이
저 물안개 따라 피어오른다

정전

예상치 못한 기습작전에
모두 참사를 당하고
살아남은 생명은 문맹뿐
여기저기서 문명의 실종신고 소리
전파의 가랑이도 불이 난다

어둠은 더욱 원시의 공포로 엄습하는데
갑자기 촛불이 그리워진다
새 정이 들어 묵은 정 뗀 지 오래
등산용 전등이 생각났지만
기억도 정전인지 깜깜하고
감각도 촉각도 마비상태라
끝내 비상구는 찾지 못하고
위대한 에디슨의 과학이 저주를 받는다

선풍기도 날개가 꺾인 지 오래
냉장고에서는 벌써 시큼한 냄새
차라리 이대로 멈추어 옛날로 돌아가고 싶다

모깃불 피어오르는 밤이면
쏟아져 내려와 도란거리는 별들
반딧불 아이들이 숨바꼭질하던 시절
귀뚜라미도 이 밤 얼마나 자연이 그리웠으면
밤새 그칠 줄 모르는 저 울음 치록치록[致綠致綠]

별똥별

아까운 젊은이 하나
또 스러져 가네요
세상의 귀퉁이를 허물고
제 몸에 불꽃을 피운 채 꺼져가네요
어둔 밤에 한 획을 긋고
꽃처럼 찬란히 폈다가 지네요
찰나처럼 짧게 빛난
저 푸른 생

■□ 해설

도로아이, 그 순박한 서정성과 깊은 신앙정신

–최기창 시집 『도로아이의 노래』 시세계

허형만(시인. 목포대 명예교수)

최기창 시인은 올해 구순이시다. 미국 달라스 한인문학회에서 활동하고 계신다. 시집 제목에서 '도로'는 '원래의 상태로' '다시'라는 의미를 내포한 말이다. 올해 구순이지만 생각하고 느끼는 것마다 '아이'처럼 순진하고 천진난만하기에 '도로아이'라고 스스로를 부르는 그 모습 또한 아름답고 겸손하기 그지없다. 이와 같은 배경에는 물론 초등학교 교사를 하셨고, 한국 아동문학계의 대표적인 문예지인 『아동문예』 문학상을 수상한 경륜도 작용하지 않을 수 없겠지만, 그보다도 사위 김건하 씨가 귀띔해주듯 "늘 성경과 책을 가까이 하시며, 연세가 드실수록 아이 같은 천진성이 되살아나 아이와 같은 눈높이로 동시 쓰시기를 즐기신" 덕분이지 않나 싶다. 따님인 예린 씨도 아버지에 대한 글을 시집 원고와 함께 보내오면서 "한국에서 만 세 달 만에 돌아오신 아버지. 여독을 풀 새도 없이 식사를 마치자마자 숲에 가자고 조르신다. 세 달 내내 고국의 찬 겨울 속에 머무시다가 타임머신을 타고 이동한 듯 갑자기 펼쳐진 달라스 봄 풍경에 살짝 설레신 건지도 모른다."고 아버지의 속마음을 짚어내는 예지도 보통은 아닌 듯한데, 어떻든 최기창 시인의 '도로아이'의 면모는 삶 속에서 그대로 드러나 보이는 것 같다.

미국 뉴욕주의 브루클린 뮤지엄에는 프랑스의 화가 제임스 티소가 그린 '그리스도와 어린이'라는 그림이 있다. 이 그림은 제임스 티소가 1885년 신비한 신앙적 체험을 한 이후 신약성서의 내용을 350여 점의 수채화로 나타낸 작품 중의 하나인데, 마태복음 18장 4절의 "누구든지 어린이처럼 자신을 낮추는 이가 하늘나라에서 가장 큰 사람이다."라는 구절을 배경으로 예수님께서 어린 아이를 당신의 무릎에 앉히고 제자들에게 말씀하시는 장면으로 아주 생생하게 묘사되어 있어 감동적이다. "어린이처럼 자신을 낮추는 이"를 예수님은 기대하신다. 예수님의 기대대로 최기창 시인의 정신과 시는 근본적으로 어린이처럼 순박한 서정성과 그 마음을 표출하고 있음을 본다.

내게서 흘러내리던 실개천 물이
역류하기 시작한 지 오래다
내가 언제부터 이리 낮아졌을까
흘러가던 물은 굽이굽이 힘은 겨웠어도
다독이는 손길마다 제법 흥얼거리기도 했는데
흘러드는 물에선 허리가 휜 땀내가 물씬
콧날 찡하게 톡 쏜다
흘려보낼 땀은 이미 오래전에 말라버리고
피라도 짜 보내고 싶던 마음도 바닥이 나면
도로아이가 되어버린 것일까
겨우 발자국에 고인 물을 철벅거리며
옷을 다 버려도 마냥 좋아하는 아이
더 이상의 애물단지는
되지 말아야 할 텐데
한사코 넣어준 용돈을 따라
슬쩍 들어온 그 이름 아빠가
용돈을 쓸 때마다 더 뜨거워지더니
이제는 아주 가슴 한 켠을 차고앉아
애틋한 그리움만 자아내는데

—「용돈」 전문

시인의 한 삶이 "실개천 물"로 상징화 된 이 시에서 시인은 "언제부터 이리 낮아졌을까"를 생각한다. 한때는 비록 "굽이굽이 힘겨운" 흐름이었지만 그래도 "다독이는 손길마다 제법 흥얼거리기도 했"던 생이 있었다. 그러나 지금은 자신을 되돌아보는 나이가 되었으니, "겨우 발자국에 고인 물을 철벅거리며/옷을 다 버려도 마냥 좋아하는 아이", "도로아이가 되어버린" 자신을 생각하면, "집도 절도 없어/미국 딸네에 얹혀사는"(「나의 집」) 주제에 "더 이상의 애물단지는/되지 말아야 할" 자신을 돌아보면, 딸이 "한사코 넣어준 용돈"으로 하여 아빠라는 이름이 그 "용돈을 쓸 때마다 더 뜨거워지는" 가슴을 누가 알아주랴.

"도로아이"가 된다는 것은 이처럼 도로 철이 없어진다는 의미이기도 할 터. 그러니 모든 보이는 것마다 어린 마음으로 보일밖에. 동백꽃이 떨어진 광경을 보고도 "엄동을 훨훨 태우는/동백으로만 알았더니/순백의 동심에서 피어나니/어라, 이건 동백(童白)이네 그려”(「동심과 동백」) 하며 감탄할 줄 알고, “살아있는 부처님을/보고 싶습니까/아가의 맑은 눈을/자세히 들여다보세요//당신도 부처님이/되고 싶습니까/아이의 눈에 비친 동자승처럼/욕심 없이 작아져보”(「눈부처」)라고 권장하는 것 또한 세상을 살아감에 있어 아이와 같은 눈을 가지는 게 얼마나 중요한가를 말해주고 있다.

“실개천 물”로 상징화 된 자신의 삶에서 빠져나와 새로이 자신을 들여다 볼 수 있다는 것, 그것은 아마도 본래의 자신, 어렸을 때의 그 자신, 즉 “도로아이”의 상태로 돌아간다는 것은 아무나 되는 게 아니다. 최기창 시인만이 살아온 철학이며 숨결이다. 그 대표적 작품으로 시인이 초등학교에서 “처음으로/일학년 담임하던 날//아직 봄은 멀었는데/교실엔 벌써/봄이 와 있었다//갓 눈을 뜨고 재잘대는/연둣빛 수다가/나를 봄빛으로 물들이고 있었다//난생처음/참다운 신록을 보았다”(「신록新綠」)에서 보여주는 이 맑고 순수한 서정을 보라. 그러기에 이쯤에서 우리는 멕시코 시인 옥타비오 파스(1914~1988)의 말, 즉 “시는 인간이 자신으로부터 빠져나오는 동시에 원초적 존재로 돌아가게 만든다. 인간을 자기 자신이 되게 만드는 것이다. 인간은 자신의 이미지다. 즉 그 자신이며 타자이다. 리듬이고 이미지인 구(句)를 통하여 인간, 끊임없이 자신이 되고자 하는 자는 존재한다. 시는 존재로 들어가기"라는 이 명언이 곧 최기창 시인의 생각과 그리도 딱 맞아떨어질 줄 누가 알았겠는가.

늘 시간에 쫓기던 이민 초기
일개미가 되어버린 식구들 중
홀로 죽치던 아비개미
할 일을 찾고서 생기가 돈다

아직 덜 깬 잠 찌꺼기며
미처 챙길 틈 없어 팽개치고 간
자식들의 온갖 상념들이
온종일 말라비틀어진 채 널브러져 있다

속 끓이던 아비가 보다 못해
이미 얼병 든 그 만신창이들을
뜨거운 물에 푹 담궈 씻겨줬다
뭉쳤던 고달픔이 슬슬 풀리는지
응어리진 울분마저 떨쳐버리고
그동안 물어나른 꿈 알갱이들

모처럼 제 빛을 찾으면서 환해졌다

한결 말쑥해진
송구한 새끼들의 잘 헹궈진 핀잔이
그릇에 담겨도
효심보다 더 깊은 애틋한 부심이
뽀드득 맑게 빛난다

헝클어진 시간들을 포개고
서로서로 등 기대어 누워보는 시간
따뜻한 김이 오른다

—「설거지」 전문

최기창 시인은 이민자다. "있던 집은 빚으로 넘어갔고/전세마저 털어먹은 지 오래/집도 절도 없어/미국 딸네에 얹혀"(「나의 집」) 산다고 고백한 시인은 이 시에서는 "늘 시간에 쫓기던 이민 초기"의 생활을 말해주고 있는데, "아직 덜 깬 잠 찌꺼기며/미처 챙길 틈 없어 팽개치고" 나갈 만큼 "일개미가 되어버린 식구들"을 위해 설거지를 하며 만족해했던 "아비개미"의 일화가 가슴을 뭉클하게 한다. 일터에서 돌아와

보니 "모처럼 제 빛을 찾으면서 환해"지고 "한결 말쑥해진" 집 안을 본 "송구한 새끼들의 잘 헹궈진 핀잔"도 "뽀드득 맑게 빛난다". 이민자의 힘듦이 이처럼 오히려 "따뜻한 김이" 오를 수 있는 것도 역시 시인의 자식 사랑이 넘치는 부성과 함께 "도로아이"의 감성 덕분이리라.

이민자로서의 감회는 이국에서 맞이한 어버이날에 더 깊어진다. 시인은 시 「이국에서 맞이한 어버이날」에서 "버리고 떠나온 어버이날"이라고 했다. 그만큼 한국에서와 같은 대접과 호강은 잊어버렸다는 속내일 터이다. 그러나 부모님에 대한 자식의 어버이날에 대한 마음은 미국에 와 산다고 달라질 게 하나도 없음에 감동한다. 어버이날에 "새로 사온 티셔츠에선/소갈머리 없는 호강 꽃이 만발하고/울컥 솟는 뜨거운 눈시울엔/고달픈 이민자의 설움이 맺혀/뿌리 내리기엔 아직도 요원한 시름"을 어찌하지 못한다. 시인은 이민 와서도 "함께할 사람 가고 없"는, 즉 자기보다 먼저 세상을 뜬 아내가 없는 어버이날, "혼자만 누리는 아쉬움"에 못내 가슴 아리다.

그러면서도 한편으로는 시 「코펠 호수」에서 이민자로서의 삶이 매우 재미있게 묘사되고 있다. 시인은

"미국 말 배우려 애쓰는데/코펠 호수 오리들은/한글을 배우느라 시끄럽다"고 표현한다. 한하운 시인의 개구리 울음소리처럼 최기창 시인의 "엄마 오리 갈갸 걸겨 골교 굴규/아기 오리 랄랴 럴려 롤료 룰류"로 들리는 의성어는 "불현 듯 들려오는/우리 아이들의 어눌한 모국어" 같기도 하지만, 실은 미국 말 배우려 애쓰는 속에서도 우리말 한글로 시를 쓰는 시인으로서의 긍지와 시적 성취가 더 커 보이는 것은 자랑스러운 일이 아닐 수 없다.

사실 이민자로서 타국에서 구순의 나이를 맞을 때까지 시인 자신은 비록 "잠자리寢所도 버리고 왔"(「잠자리」)지만, 그리고 "세파에 거칠어지며/먼 길 돌아온 사내/오랜 회한이/뭉쳐 있"(「바위」)을 법도 하지만, 고향산천이 그립고 부모가 그립고 봉선이 누나가 그리운 건 어찌 할 수 없는 수구초심(首丘初心)이리라.

밤 봇짐을 싼 지 벌써 십여 년
찬바람이 불면 먹구름이 일고
내 마음 허공엔 어김없이 연들이 뜬다

나와 연이 닿은

곡절한 사연들이 처량하게 날고 있다
도망치듯 쫓겨 온 먼 하늘에서
누가 한사코 연줄을 당긴다
질기고 질겨 팽팽한 그 연줄 연줄들

동부새만 기다리다 가신 아부질까
회오리바람에 골병들어 가신 엄닐까
한평생 속 끓이다 가버린 아낼까

벌초조차 못한 십여 년 세월에
개망초 무성한 선산을 향해
해묵은 그리움의 긴 꼬리연 하나 날아가는데
눈시울을 붉히며 바라보던 노을이
오랜 인연들의 얼레를 감는다

–「연」 전문

이민자로서 이만큼 처절한 통한의 역사가 또 있을까. '연(鳶)'과 '연(緣)'의 의미중복을 통해 시인은 이민 와서, 이민 오기 전의 삶을 진솔하게 보여주면서 "질기고 질겨 팽팽한 그 연줄 연줄들"을 떠올린다. 돌아가신 아버지와 어머니, 그리고 아내까지 호명하며 간절한 그리움에 목을 놓는 시인의 마음은 이민자이기에 더 간절할 수밖에 없는지도 모른다. 특히 마지막 연, “벌초조차 못한 십여 년 세월에/개망초 무성한 선산을 향해/해묵은 그리움의 긴 꼬리연 하나 날아가는데/눈시울을 붉히며 바라보던 노을이/오랜 인연들의 얼레를 감는다”는 독백은 우리에게 감동 그 자체를 부어넣기에 충분하다. 그 이유는 최기창 시인이 평소에 깨어있는 인식능력의 소유자이기 때문이며 각고의 고통을 치룬 결과에서 얻어진 삶에 대한 진정성이 살아있기 때문일 터이다.

따님인 예린 씨가 쓴 글 중에 아버지를 묘사한 부분, 즉 “저렇게 나이를 잊게 할 만큼 강건하신 이유는 늘 뭔가를 하시는데 있다. 언제 어디서든 자신을 위한 일이든 타인을 위한 일이든 아버지의 손은 늘 분주하시다. 생각과 거의 동시에 손을 움직이실 만큼 부지런하시다. ‘손과 발을 움직여 재구성한’ 아버지의 영혼은 젊고 자유롭다.”처럼 시 「평상을 만들며」에서도 고향산천은 빠지지 않는다. 시인은 “버리면 생목숨이 끊길 목재들” “자투리 목재 버리기가 아까워” 평상을 만든다. 마침내 “새로운 생명으로 탄생한” 평상에는 “고향의 산과 들이 어느새 다가와/

별마저 반딧불로 쏟아지는 저녁/연기 오르는 모깃불 속에선/감자가 옛이야기처럼 익어가"고, "지금도 동구 밖 정자나무 아래/매미소리 서늘한 부채바람 따라/졸음이 개울물처럼 흘러/오수의 강물에 떠다니고 있"을 거라는 상상은 이민자의 참으로 행복한 영혼의 자유로움이 아니고 무엇이겠는가. 어디 그뿐인가. "타국의 담장 아래 얼굴 붉히며 서 있"는 봉선화(「타국에 핀 봉선화」)를 보고 "움켜쥔 새끼손가락 억지로 펴서/봉선화 꽃물 들여 주던 누나"에 대한 회상 또한 이민자로서의 삶 그대로임을 어찌 하랴.

최기창 시인이 이처럼 이민자로서의 삶을 멋지게 지탱할 수 있는 힘은 무엇일까. 그것은 분명 도로아이로서의 순진성과 시를 쓰는 깊고 넓은 서정의 정신이 모아진 결과일 터이다. 따님인 예린 씨는 아버지가 어머니를 먼저 보내시고 맘 둘 곳 없어 하시더니 뒤늦게 시 쓰는 일에 매진해 84세의 고령의 나이에 등단하는 저력을 발휘하셨다고 했다. 사위 김건하 씨 또한 "일찍이 장모님과 사별하시면서 마음속의 응어리를 편지 형식으로 표현하시다 문학에 심취하시는 계기가 되었습니다." 하고 거든다.

황혼에 늦바람이 나서
나도 모르게 내 마음 깃에 묻어온 꽃씨를 묻고
설렘의 꽃밭을 가꾸며
꽃꿈만 꾸던 나날이 있었습니다.
그러나 내 밭은 늘 초라했습니다
보잘 것 없는 꽃송이며 흐릿한 빛깔
향기마저 없어 벌 나비도 외면해버리고
씨조차 잘 여물지 않는 가난한 꽃밭이었습니다
해바라기 씨앗을 뿌렸지만 자라고 보면 민들레
난 튼실한 대궁이조차 세우지 못하는
한낱 잡초였던가 봅니다
그래도 내 멋에 겨워
딴엔 꽃이파리 바람에 흔들어도 보지만
행여 나팔꽃 나팔 불어댈까 조바심 나고
함박꽃 웃음 터트릴까 더더욱 두렵습니다
그러나 내 마음 그늘에 갇혀서
한 번도 세상 빛을 쐬어보지 못한
내 작은 꽃망울들
가여워서 간혹 햇빛에 드러내어봅니다만
아침 엷은 햇살에도 금방 시들어버리는
연약한 낮빛입니다
이제 해는 점점 서산으로 기울고
가을이 깊어갑니다

내 비록 쭉정이 많은 씨알 몇 알 남기지만
초라했던 꽃밭이라도 가꾸었음이
진정 행복합니다

—「나의 시詩밭」 전문

최기창 시인이 시를 쓰면서 스스로를 들여다보는 자화상이기도 하고, 나이 들어가면서 쓰는 작품들에 대한 회한이기도 하고, 발표하는 작품들에 대한 시인의 두려움이기도 한 이 시는 시인이면 누구나 품는 정신적 고뇌에 다름 아니다. 그러나 이러한 고뇌는 최기창 시인에게 있어 오히려 자랑스러운 대목이기도 하다. 왜 그럴까. 시인은 "황혼에 늦바람이 나서/나도 모르게 내 마음 깃에 묻어온 꽃씨를 묻고/설렘의 꽃밭을 가꾸며/꽃꿈만 꾸던 나날이 있었"다고 시의 밭을 가꾸며 좋은 시의 꽃을 갈구하는 마음을 솔직하게 털어놓고 있기 때문이다. 이 솔직함은 나이가 더 들어갈수록, 그러니까 "해는 점점 서산으로 기울고/가을이 깊어"가지만, 이만큼이라도 남길 수 있는 "씨알", 즉 '시詩알'이라도 남길 수 있는 꽃밭을 가꾸었음에 "진정 행복"해 하는 모습에서도 분명해진다.

최기창 시인은 시 「달팽이」에서도 "등에 짐을 동여 매고도/맘 놓지 못하고/스스로 달구지가 되어 사는/무거운 생이여//부질없는 욕심에/힘겹게 갈 수밖에 없는 이 버거움//다 버리고 빈손으로 가리라 하면서도/시 한 줄에 또 생을 매고 있는/나는 시답잖은 달팽이"라고 자신을 말한다. 이는 결코 자신을 비하하는 것이 아니다. "시 한 줄에 또 생을 매고 있는" 자신에 대한 깊은 성찰임과 동시에 시를 씀에 있어 겸허와 겸손의 마음 자세인 셈이다. 그렇다. 우리는 "시답잖은" 글 몇 줄로 자신을 과대포장하거나 오만한 자들을 얼마나 많이 보아왔던가. 자신의 '시詩밭'을 초라하다고, 가난하다고, 연약하다고 말할 수 있는 용기는 오히려 '진정한 시인'임을 드러내는 역설이기도 하다. 우리가 잘 아는 칠레의 시인 파블로 네루다는 「시」라는 자신의 작품에서

그러니까 그 나이였어…시가
나를 찾아왔어, 몰라, 그게 어디서 왔는지,
모르겠어, 겨울에서인지 강에서인지,
언제 어떻게 왔는지 모르겠어

라고 말한 것과 최기창 시인의 마음과 무엇이 다른가. 결국 같지 않은가. 진정한 시인은 자신의 삶을 이렇게라도 쓰지 않으면 살 수 없는 것임을 보여주는 시적 성취 앞에 고개를 숙이지 않을 수 없다. 그렇다면 최기창 시인에게 어떻게 이러한 시정신이 우러나온 것일까. 그것은 아마도 신앙의 힘이 밑바탕에 깔려 있지 않을까 싶다.

이르신 대로 항상 깨어 있습니다
이 귀만은 밤에도 잠들지 않고
다시 오실 님의 발자국 소리에 열려 있어
나비의 날갯짓에도 저의 청각은
설렘으로 곤두섭니다

바라옵건데 저의 기도는
새의 눈썹에 스치는 여린 바람에도
님의 말씀은 놓치지 않게 하시고
세상 소리는 가려듣고 새겨듣게 하소서

다시 오실 님의 날에는
맨 처음 영접하는 나팔이게 하시고
잠든 영혼들을 일깨우는

경종이게 하소서

저의 찬송은 향기로 드리겠습니다
오직 찬양을 위한 입이게 하시어
기쁨과 감사만으로 빚어진
피조물이게 하소서

—「백합화의 기도」 전문

최기창 시인의 믿음의 정신이 백합화를 통해 절실하게 잘 표현된 작품이다. 1연의 청각이미지는 "밤에도 잠들지 않고" "항상 깨어" "다시 오실 님의 발자국 소리"를 기다리고 있다. 이것은 "바람만 불어도 님의 발자국 소린 듯"(「가뭄」) 언제 신랑(주님)이 오실지 모르니 늘 깨어 촛불을 들고 기다리는 "흠 없는 님의 신부"(「청소부가 되어」)와 같은 간절한 마음에 다름 아니다. 더욱이 "나비의 날갯짓에도" "설렘으로 곤두서"는 청각이라면 님(주님)을 향한 그리움의 절실함을 어찌 말로 다 표현할 것인가. 이 절실함은 특히 2연에서 "새의 눈썹에 스치는 여린 바람에도/님의 말씀은 놓치지 않게" 해달라는 기도에서 절정을 이

룬다. 백합화의 향기로 찬송을 드리겠다는, 그리하여 "하늘빛 닮은 이 찬송/다 님께서 거두"(「수국을 보며」)시라는 기도는 참으로 절절하다.

이 글의 서두에서 우리는 구순의 최기창 시인을 순진무구하고 철없는 '도로아이'로 표현했거니와 그것은 시인 스스로가 겸허하고 겸손한 일상을 시를 통해 보여주었음에서인데, 특히 시 「촛불」은 "제 몸 태워/빛으로/다시 사신" 주님에 대한 믿음과 "스스로 낮추어/진정한 사랑 가르치시려/몸소 제자들 발 씻겨주시던/그님"을 따르고자 한 신앙생활이 삶을 지탱해주었기 때문이었음을 알 수 있다. 그렇다. 우리는 이제 최기창 시인이 자신의 시로 하여금 "햇볕의 결정으로 거듭 난/저 순백의 몸"(「소금」)처럼 '도로아이'로서 맑고 순정한 영혼을 얼마나 갈구해왔는지를 잘 알 수 있기에 이르렀다. "무엇을 먹을까/무엇을 마실까/걱정 없는 저 물고기들로/영원한 안식처를"(「호수」) 보는 최기창 시인에게 백합화의 기도처럼 주님의 은총과 평화가 항상 충만하시길 기도하며, 이 시집 출간을 진심으로 축하드린다.